PASSWORT-BUCH

Dieses Buch gehört:

Name: _____

Anschrift: _____

PLZ/Ort: _____

Tel: _____

Email: _____

✶✶ PASSWORT-TIPPS ✶✶

Ihre Passwörter sollten mindestens aus 8
Zeichen bestehen.

Am besten verwenden sie eine Kombination aus
Kleinbuchstaben, Großbuchstaben,
Sonderzeichen und Zahlen.

Vermeiden sie jeglichen Bezug zu ihre Person wie
z.B. Geburtsdatum usw.

Ändern sie ihre Passwörter regelmäßig.

Wenn sie dieses Notizbuch verlieren sollten,
wäre es gut wenn der Finder nicht gleich auf ihre
Konten usw. Zugriff hätte. Deshalb empfehlen
wir bei der Passworterstellung einen kleinen
Trick anzuwenden.

Gehen wir einmal davon aus, dass ihr Passwort
für die Seite XYZ folgendermaßen aussieht
fFghJ12& .

In ihr Notizbuch würden sie aber das Passwort
gFghJ12& rein schreiben, also praktisch das

erste Zeichen in den nächsten Buchstaben des Alphabet um ändern. Anstatt das das kleine **f** das kleine **g** verwenden, so haben sie wenigstens noch Zeit ihre Passwörter zu ändern bevor jemand Mist bauen kann.

Wenn sie diesen Trick anwenden möchten, sollten sie diese Seite hier aus ihrem Passwort Buch entfernen, ansonsten würde der Trick beim Verlust des Buches seinen Sinn verfehlen.

✶✶ LOGIN DATEN ✶✶

Anbieter	
Adresse	
Benutzername	
Passwort	
Notizen	

Anbieter	
Adresse	
Benutzername	
Passwort	
Notizen	

✴✴ LOGIN DATEN ✴✴

Anbieter	
Adresse	
Benutzername	
Passwort	
Notizen	

Anbieter	
Adresse	
Benutzername	
Passwort	
Notizen	

✦✦ LOGIN DATEN ✦✦

Anbieter	
Adresse	
Benutzername	
Passwort	
Notizen	

Anbieter	
Adresse	
Benutzername	
Passwort	
Notizen	

✦✦ LOGIN DATEN ✦✦

Anbieter

Adresse

Benutzername

Passwort

Notizen

Anbieter

Adresse

Benutzername

Passwort

Notizen

••LOGIN DATEN••

Anbieter	
Adresse	
Benutzername	
Passwort	
Notizen	

Anbieter	
Adresse	
Benutzername	
Passwort	
Notizen	

✶✶ LOGIN DATEN ✶✶

Anbieter	
Adresse	
Benutzername	
Passwort	
Notizen	

Anbieter	
Adresse	
Benutzername	
Passwort	
Notizen	

••LOGIN DATEN••

Anbieter

Adresse

Benutzername

Passwort

Notizen

Anbieter

Adresse

Benutzername

Passwort

Notizen

✦✦ LOGIN DATEN ✦✦

Anbieter	
Adresse	
Benutzername	
Passwort	
Notizen	

Anbieter	
Adresse	
Benutzername	
Passwort	
Notizen	

✱✱ LOGIN DATEN ✱✱

Anbieter	
Adresse	
Benutzername	
Passwort	
Notizen	

Anbieter	
Adresse	
Benutzername	
Passwort	
Notizen	

✦✦ LOGIN DATEN ✦✦

Anbieter	
Adresse	
Benutzername	
Passwort	
Notizen	

Anbieter	
Adresse	
Benutzername	
Passwort	
Notizen	

✦✦ LOGIN DATEN ✦✦

Anbieter	
Adresse	
Benutzername	
Passwort	
Notizen	

Anbieter	
Adresse	
Benutzername	
Passwort	
Notizen	

••LOGIN DATEN••

Anbieter	
Adresse	
Benutzername	
Passwort	
Notizen	

Anbieter	
Adresse	
Benutzername	
Passwort	
Notizen	

✳✳ LOGIN DATEN ✳✳

Anbieter	
Adresse	
Benutzername	
Passwort	
Notizen	

Anbieter	
Adresse	
Benutzername	
Passwort	
Notizen	

✦•LOGIN DATEN•✦

Anbieter	
Adresse	
Benutzername	
Passwort	
Notizen	

Anbieter	
Adresse	
Benutzername	
Passwort	
Notizen	

·· LOGIN DATEN ··

Anbieter	
Adresse	
Benutzername	
Passwort	
Notizen	

Anbieter	
Adresse	
Benutzername	
Passwort	
Notizen	

∗∗ LOGIN DATEN ∗∗

Anbieter	
Adresse	
Benutzername	
Passwort	
Notizen	

Anbieter	
Adresse	
Benutzername	
Passwort	
Notizen	

✦✦ LOGIN DATEN ✦✦

Anbieter	
Adresse	
Benutzername	
Passwort	
Notizen	

Anbieter	
Adresse	
Benutzername	
Passwort	
Notizen	

✷✷ LOGIN DATEN ✷✷

Anbieter	
Adresse	
Benutzername	
Passwort	
Notizen	

Anbieter	
Adresse	
Benutzername	
Passwort	
Notizen	

••LOGIN DATEN••

Anbieter	
Adresse	
Benutzername	
Passwort	
Notizen	

Anbieter	
Adresse	
Benutzername	
Passwort	
Notizen	

✦✦ LOGIN DATEN ✦✦

Anbieter	
Adresse	
Benutzername	
Passwort	
Notizen	

Anbieter	
Adresse	
Benutzername	
Passwort	
Notizen	

✶✶ LOGIN DATEN ✶✶

Anbieter	
Adresse	
Benutzername	
Passwort	
Notizen	

Anbieter	
Adresse	
Benutzername	
Passwort	
Notizen	

✻✻ LOGIN DATEN ✻✻

Anbieter	
Adresse	
Benutzername	
Passwort	
Notizen	

Anbieter	
Adresse	
Benutzername	
Passwort	
Notizen	

••LOGIN DATEN••

Anbieter	
Adresse	
Benutzername	
Passwort	
Notizen	

Anbieter	
Adresse	
Benutzername	
Passwort	
Notizen	

✳✳ LOGIN DATEN ✳✳

Anbieter	
Adresse	
Benutzername	
Passwort	
Notizen	

Anbieter	
Adresse	
Benutzername	
Passwort	
Notizen	

✦✦ LOGIN DATEN ✦✦

Anbieter	
Adresse	
Benutzername	
Passwort	
Notizen	

Anbieter	
Adresse	
Benutzername	
Passwort	
Notizen	

✶✶ LOGIN DATEN ✶✶

Anbieter	
Adresse	
Benutzername	
Passwort	
Notizen	

Anbieter	
Adresse	
Benutzername	
Passwort	
Notizen	

••LOGIN DATEN••

Anbieter	
Adresse	
Benutzername	
Passwort	
Notizen	

Anbieter	
Adresse	
Benutzername	
Passwort	
Notizen	

✦✦ LOGIN DATEN ✦✦

Anbieter	
Adresse	
Benutzername	
Passwort	
Notizen	

Anbieter	
Adresse	
Benutzername	
Passwort	
Notizen	

✦✦ LOGIN DATEN ✦✦

Anbieter	
Adresse	
Benutzername	
Passwort	
Notizen	

Anbieter	
Adresse	
Benutzername	
Passwort	
Notizen	

••LOGIN DATEN••

Anbieter	
Adresse	
Benutzername	
Passwort	
Notizen	

Anbieter	
Adresse	
Benutzername	
Passwort	
Notizen	

✦✦ LOGIN DATEN ✦✦

Anbieter	
Adresse	
Benutzername	
Passwort	
Notizen	

Anbieter	
Adresse	
Benutzername	
Passwort	
Notizen	

✦✦ LOGIN DATEN ✦✦

Anbieter	
Adresse	
Benutzername	
Passwort	
Notizen	

Anbieter	
Adresse	
Benutzername	
Passwort	
Notizen	

••LOGIN DATEN••

Anbieter	
Adresse	
Benutzername	
Passwort	
Notizen	

Anbieter	
Adresse	
Benutzername	
Passwort	
Notizen	

✶✶ LOGIN DATEN ✶✶

Anbieter	
Adresse	
Benutzername	
Passwort	
Notizen	

Anbieter	
Adresse	
Benutzername	
Passwort	
Notizen	

✦✦ LOGIN DATEN ✦✦

Anbieter

Adresse

Benutzername

Passwort

Notizen

Anbieter

Adresse

Benutzername

Passwort

Notizen

★★ LOGIN DATEN ★★

Anbieter	
Adresse	
Benutzername	
Passwort	
Notizen	

Anbieter	
Adresse	
Benutzername	
Passwort	
Notizen	

✦✦ LOGIN DATEN ✦✦

Anbieter	
Adresse	
Benutzername	
Passwort	
Notizen	

Anbieter	
Adresse	
Benutzername	
Passwort	
Notizen	

✦✦ LOGIN DATEN ✦✦

Anbieter

Adresse

Benutzername

Passwort

Notizen

Anbieter

Adresse

Benutzername

Passwort

Notizen

✶✶ LOGIN DATEN ✶✶

Anbieter	
Adresse	
Benutzername	
Passwort	
Notizen	

Anbieter	
Adresse	
Benutzername	
Passwort	
Notizen	

••LOGIN DATEN••

Anbieter	
Adresse	
Benutzername	
Passwort	
Notizen	

Anbieter	
Adresse	
Benutzername	
Passwort	
Notizen	

••LOGIN DATEN••

Anbieter	
Adresse	
Benutzername	
Passwort	
Notizen	

Anbieter	
Adresse	
Benutzername	
Passwort	
Notizen	

✷✷ LOGIN DATEN ✷✷

Anbieter	
Adresse	
Benutzername	
Passwort	
Notizen	

Anbieter	
Adresse	
Benutzername	
Passwort	
Notizen	

✴✴ LOGIN DATEN ✴✴

Anbieter	
Adresse	
Benutzername	
Passwort	
Notizen	

Anbieter	
Adresse	
Benutzername	
Passwort	
Notizen	

⁕⁕ LOGIN DATEN ⁕⁕

Anbieter	
Adresse	
Benutzername	
Passwort	
Notizen	

Anbieter	
Adresse	
Benutzername	
Passwort	
Notizen	

•• LOGIN DATEN ••

Anbieter	
Adresse	
Benutzername	
Passwort	
Notizen	

Anbieter	
Adresse	
Benutzername	
Passwort	
Notizen	

••LOGIN DATEN••

Anbieter	
Adresse	
Benutzername	
Passwort	
Notizen	

Anbieter	
Adresse	
Benutzername	
Passwort	
Notizen	

✶✶ LOGIN DATEN ✶✶

Anbieter	
Adresse	
Benutzername	
Passwort	
Notizen	

Anbieter	
Adresse	
Benutzername	
Passwort	
Notizen	

••LOGIN DATEN••

Anbieter	
Adresse	
Benutzername	
Passwort	
Notizen	

Anbieter	
Adresse	
Benutzername	
Passwort	
Notizen	

✦✦ LOGIN DATEN ✦✦

Anbieter	
Adresse	
Benutzername	
Passwort	
Notizen	

Anbieter	
Adresse	
Benutzername	
Passwort	
Notizen	

••LOGIN DATEN••

Anbieter	
Adresse	
Benutzername	
Passwort	
Notizen	

Anbieter	
Adresse	
Benutzername	
Passwort	
Notizen	

✳✳ LOGIN DATEN ✳✳

Anbieter	
Adresse	
Benutzername	
Passwort	
Notizen	

Anbieter	
Adresse	
Benutzername	
Passwort	
Notizen	

✳✳ LOGIN DATEN ✳✳

Anbieter	
Adresse	
Benutzername	
Passwort	
Notizen	

Anbieter	
Adresse	
Benutzername	
Passwort	
Notizen	

✦✦ LOGIN DATEN ✦✦

Anbieter	
Adresse	
Benutzername	
Passwort	
Notizen	

Anbieter	
Adresse	
Benutzername	
Passwort	
Notizen	

✷ ✷ LOGIN DATEN ✷ ✷

Anbieter	
Adresse	
Benutzername	
Passwort	
Notizen	

Anbieter	
Adresse	
Benutzername	
Passwort	
Notizen	

✶✶ LOGIN DATEN ✶✶

Anbieter	
Adresse	
Benutzername	
Passwort	
Notizen	

Anbieter	
Adresse	
Benutzername	
Passwort	
Notizen	

** LOGIN DATEN **

Anbieter	
Adresse	
Benutzername	
Passwort	
Notizen	

Anbieter	
Adresse	
Benutzername	
Passwort	
Notizen	

✦✦ LOGIN DATEN ✦✦

Anbieter	
Adresse	
Benutzername	
Passwort	
Notizen	

Anbieter	
Adresse	
Benutzername	
Passwort	
Notizen	

✶✶ LOGIN DATEN ✶✶

Anbieter	
Adresse	
Benutzername	
Passwort	
Notizen	

Anbieter	
Adresse	
Benutzername	
Passwort	
Notizen	

✶✶ LOGIN DATEN ✶✶

Anbieter	
Adresse	
Benutzername	
Passwort	
Notizen	

Anbieter	
Adresse	
Benutzername	
Passwort	
Notizen	

✦•✦ LOGIN DATEN ✦•✦

Anbieter	
Adresse	
Benutzername	
Passwort	
Notizen	

Anbieter	
Adresse	
Benutzername	
Passwort	
Notizen	

✦✦ LOGIN DATEN ✦✦

Anbieter	
Adresse	
Benutzername	
Passwort	
Notizen	

Anbieter	
Adresse	
Benutzername	
Passwort	
Notizen	

✵✵ LOGIN DATEN ✵✵

Anbieter	
Adresse	
Benutzername	
Passwort	
Notizen	

Anbieter	
Adresse	
Benutzername	
Passwort	
Notizen	

** LOGIN DATEN **

Anbieter	
Adresse	
Benutzername	
Passwort	
Notizen	

Anbieter	
Adresse	
Benutzername	
Passwort	
Notizen	

✶✷ LOGIN DATEN ✷✶

Anbieter	
Adresse	
Benutzername	
Passwort	
Notizen	

Anbieter	
Adresse	
Benutzername	
Passwort	
Notizen	

··LOGIN DATEN··

Anbieter	
Adresse	
Benutzername	
Passwort	
Notizen	

Anbieter	
Adresse	
Benutzername	
Passwort	
Notizen	

✦✦ LOGIN DATEN ✦✦

Anbieter	
Adresse	
Benutzername	
Passwort	
Notizen	

Anbieter	
Adresse	
Benutzername	
Passwort	
Notizen	

••LOGIN DATEN••

Anbieter	
Adresse	
Benutzername	
Passwort	
Notizen	

Anbieter	
Adresse	
Benutzername	
Passwort	
Notizen	

✦ LOGIN DATEN ✦

Anbieter	
Adresse	
Benutzername	
Passwort	
Notizen	

Anbieter	
Adresse	
Benutzername	
Passwort	
Notizen	

✴✴ LOGIN DATEN ✴✴

Anbieter	
Adresse	
Benutzername	
Passwort	
Notizen	

Anbieter	
Adresse	
Benutzername	
Passwort	
Notizen	

✦✦ LOGIN DATEN ✦✦

Anbieter	
Adresse	
Benutzername	
Passwort	
Notizen	

Anbieter	
Adresse	
Benutzername	
Passwort	
Notizen	

••LOGIN DATEN••

Anbieter	
Adresse	
Benutzername	
Passwort	
Notizen	

Anbieter	
Adresse	
Benutzername	
Passwort	
Notizen	

✳✳ LOGIN DATEN ✳✳

Anbieter	
Adresse	
Benutzername	
Passwort	
Notizen	

Anbieter	
Adresse	
Benutzername	
Passwort	
Notizen	

✦✦ LOGIN DATEN ✦✦

Anbieter	
Adresse	
Benutzername	
Passwort	
Notizen	

Anbieter	
Adresse	
Benutzername	
Passwort	
Notizen	

✦✦ LOGIN DATEN ✦✦

Anbieter	
Adresse	
Benutzername	
Passwort	
Notizen	

Anbieter	
Adresse	
Benutzername	
Passwort	
Notizen	

✦✦ LOGIN DATEN ✦✦

Anbieter	
Adresse	
Benutzername	
Passwort	
Notizen	

Anbieter	
Adresse	
Benutzername	
Passwort	
Notizen	

••LOGIN DATEN••

Anbieter	
Adresse	
Benutzername	
Passwort	
Notizen	

Anbieter	
Adresse	
Benutzername	
Passwort	
Notizen	

••LOGIN DATEN••

Anbieter

Adresse

Benutzername

Passwort

Notizen

Anbieter

Adresse

Benutzername

Passwort

Notizen

✶✶ LOGIN DATEN ✶✶

Anbieter	
Adresse	
Benutzername	
Passwort	
Notizen	

Anbieter	
Adresse	
Benutzername	
Passwort	
Notizen	

✦✦ LOGIN DATEN ✦✦

Anbieter	
Adresse	
Benutzername	
Passwort	
Notizen	

Anbieter	
Adresse	
Benutzername	
Passwort	
Notizen	

✴ LOGIN DATEN ✴

Anbieter	
Adresse	
Benutzername	
Passwort	
Notizen	

Anbieter	
Adresse	
Benutzername	
Passwort	
Notizen	

✦✦ LOGIN DATEN ✦✦

Anbieter	
Adresse	
Benutzername	
Passwort	
Notizen	

Anbieter	
Adresse	
Benutzername	
Passwort	
Notizen	

✳✳ LOGIN DATEN ✳✳

Anbieter	
Adresse	
Benutzername	
Passwort	
Notizen	

Anbieter	
Adresse	
Benutzername	
Passwort	
Notizen	

✦✦ LOGIN DATEN ✦✦

Anbieter

Adresse

Benutzername

Passwort

Notizen

Anbieter

Adresse

Benutzername

Passwort

Notizen

✱✱ LOGIN DATEN ✱✱

Anbieter	
Adresse	
Benutzername	
Passwort	
Notizen	

Anbieter	
Adresse	
Benutzername	
Passwort	
Notizen	

••LOGIN DATEN••

Anbieter	
Adresse	
Benutzername	
Passwort	
Notizen	

Anbieter	
Adresse	
Benutzername	
Passwort	
Notizen	

✦✦ LOGIN DATEN ✦✦

Anbieter

Adresse

Benutzername

Passwort

Notizen

Anbieter

Adresse

Benutzername

Passwort

Notizen

••LOGIN DATEN••

Anbieter	
Adresse	
Benutzername	
Passwort	
Notizen	

Anbieter	
Adresse	
Benutzername	
Passwort	
Notizen	

••LOGIN DATEN••

Anbieter	
Adresse	
Benutzername	
Passwort	
Notizen	

Anbieter	
Adresse	
Benutzername	
Passwort	
Notizen	

⚡ LOGIN DATEN ⚡

Anbieter	
Adresse	
Benutzername	
Passwort	
Notizen	

Anbieter	
Adresse	
Benutzername	
Passwort	
Notizen	

✦✦ LOGIN DATEN ✦✦

Anbieter	
Adresse	
Benutzername	
Passwort	
Notizen	

Anbieter	
Adresse	
Benutzername	
Passwort	
Notizen	

·*·LOGIN DATEN·*·

Anbieter	
Adresse	
Benutzername	
Passwort	
Notizen	

Anbieter	
Adresse	
Benutzername	
Passwort	
Notizen	

✦✦ LOGIN DATEN ✦✦

Anbieter	
Adresse	
Benutzername	
Passwort	
Notizen	

Anbieter	
Adresse	
Benutzername	
Passwort	
Notizen	

∗∗ LOGIN DATEN ∗∗

Anbieter	
Adresse	
Benutzername	
Passwort	
Notizen	

Anbieter	
Adresse	
Benutzername	
Passwort	
Notizen	

✦✦ LOGIN DATEN ✦✦

Anbieter	
Adresse	
Benutzername	
Passwort	
Notizen	

Anbieter	
Adresse	
Benutzername	
Passwort	
Notizen	

LOGIN DATEN

Anbieter	
Adresse	
Benutzername	
Passwort	
Notizen	

Anbieter	
Adresse	
Benutzername	
Passwort	
Notizen	

✶✶ LOGIN DATEN ✶✶

Anbieter	
Adresse	
Benutzername	
Passwort	
Notizen	

Anbieter	
Adresse	
Benutzername	
Passwort	
Notizen	

••LOGIN DATEN••

Anbieter	
Adresse	
Benutzername	
Passwort	
Notizen	

Anbieter	
Adresse	
Benutzername	
Passwort	
Notizen	

••LOGIN DATEN••

Anbieter	
Adresse	
Benutzername	
Passwort	
Notizen	

Anbieter	
Adresse	
Benutzername	
Passwort	
Notizen	

•••LOGIN DATEN•••

Anbieter	
Adresse	
Benutzername	
Passwort	
Notizen	

Anbieter	
Adresse	
Benutzername	
Passwort	
Notizen	

✦✦ LOGIN DATEN ✦✦

Anbieter

Adresse

Benutzername

Passwort

Notizen

Anbieter

Adresse

Benutzername

Passwort

Notizen

Printed in Poland
by Amazon Fulfillment
Poland Sp. z o.o., Wrocław

83776819R00060